ALLOCUTION

PRONONCÉE

EN L'ÉGLISE St-LOUIS DE ROCHE...

PAR

M. L'ABBÉ MARBOT

Chapelain de N. - D. de la Seds à Aix

AU MARIAGE

de son frère

M. JOSEPH MARBOT

Sous-Lieutenant d'infanterie de Marine

AVEC

Mlle GABRIELLE LAURIAT

le 11 mai 1887

J. M. J.

AIX

A. MAKAIRE, IMPRIMEUR DE L'ARCHEVÊCHÉ

2, rue Thiers, 2

1887

ALLOCUTION

DU

11 MAI 1887

Imprimatur.

Aquis-Sextiis, die 15 Maji 1887.

BERNARD, Vic. Gén.

ALLOCUTION

PRONONCÉE

EN L'ÉGLISE St-LOUIS DE ROCHEFORT

PAR

M. L'ABBÉ MARBOT

Chapelain de N. - D. de la Seds à Aix

AU MARIAGE

de son frère

M. JOSEPH MARBOT

Sous-Lieutenant d'infanterie de Marine

AVEC

Mlle GABRIELLE LAURIAT

le 11 mai 1887

J. M. J.

AIX

A. MAKAIRE, IMPRIMEUR DE L'ARCHEVÊCHÉ,

2, rue Thiers, 2

1887

C'était le vœu que l'épouse de Raguel adressait à sa fille
au moment de ses noces.

Il me semble, ma chère enfant, que si l'usage et l'émo-
tion ne fermaient ici les lèvres à celle qui vous tient lieu
de mère [1], nul souhait ne traduirait mieux en même
temps et sa propre affection et cet autre amour maternel [2], dont la mort a glacé les étreintes, mais qui du
ciel sourit à notre commun bonheur.

Or, si ma voix seule peut se faire entendre au pied de
cet autel, ne suis-je pas vraiment un interprète autorisé ?

Il y a plus d'un quart de siècle, bien loin de Rochefort,

---

1 Sa belle-mère, Madame Lauriat, née Emma Crosnier.
2 De sa mère, Madame Lauriat, née Victorine Commin.

dans cette chère Guadeloupe dont le souvenir est vibrant chez plusieurs de ceux qui m'entendent, nos familles vivaient côte à côte, unies des liens précieux de l'amitié. Sans souci de l'avenir, — d'autres y songeaient pour elle, — toute une génération nouvelle s'élevait, remuante et joyeuse. Nous en étions les aînés, votre mère et moi; et à côté de nous marchaient plus jeunes, dans le même attachement fraternel, celle qui fut votre seconde mère et quelques-uns de ceux qui vont devenir vos frères et vos sœurs.

Quand ma pensée se reporte à ce *Champ d'Arbaud* [1] d'il y a vingt-cinq ans, je crois faire un beau rêve. Rien ne m'est resté de meilleur dans la mémoire, rien de plus captivant que le charme de cette nature exubérante, au milieu de laquelle, plus exubérante encore, se développait notre jeunesse. Avec ses palmiers élancés, ses chaudes haleines, son soleil tapageur, ses modestes habitations dont nous connaissions toutes les portes, et l'admirable horizon que dessinaient à nos regards la Souffrière, le Houël-mont [2], la mer, et puis encore la mer, notre petite cité de la *Basse-Terre* nous semblait le centre du monde : et c'était vraiment pour nous le centre du monde, puisque ce que nous aimions le plus sur terre était là et que nous nous aimions tous.

1 Grande place de la Basse-Terre, devant l'hôtel du Gouverneur.
2 Montagnes.

Hélas! si nous cherchons maintenant tous ceux que nous chérissions alors, que de vides, mon Dieu! Et dans cette réunion de famille que d'absents! N'a-t-il pas fallu qu'une mort impitoyable en augmentât encore le nombre en nous enlevant hier le pasteur [1] qui pour nous tous fut un père?

Mais nous qui restons ne sommes-nous pas les mandataires de ceux qui sont partis? — Je puis donc bien, ma chère enfant, au nom de votre père, dont l'épée resta loyale et fidèle jusqu'à la dernière heure [2], au nom de votre douce et si bonne mère, comme au nom de ce cœur maternel qui jusqu'ici dirigea vos pas, je puis bien vous répéter le souhait fait à l'épouse du jeune Tobie : « *Ma fille, ayez bon courage.* » La vie nouvelle dans laquelle vous entrez porte avec elle des devoirs rigoureux et demande des victoires sur l'égoïsme. Soyez forte. *Forti animo esto, filia mea.* Si dès l'enfance vous avez été frappée dans vos plus chères affections, il y a lieu de penser qu'en retour de ces douleurs prématurées Dieu maintenant vous comblera de joie : nous le lui demandons avec instance. *Et Dominus cœli det tibi gaudium præ tædio quod perpessa es.*

Pour la réalisation de ce vœu, nous ne croyons pas avoir

---

1 M. l'abbé Rémy Roul, le vénérable curé archiprêtre de Rochefort, décédé le lundi précédent en nous laissant, avec l'exemple de ses vertus, le souvenir ému de ses bontés paternelles.

2 M. Léon Lauriat, décédé lieutenant-colonel d'infanterie de Marine, à la suite des fatigues de ses campagnes.

mieux à vous offrir, ma chère enfant, que ce que nous vous donnons aujourd'hui.

Avec la bénédiction dont nos mains sont dépositaires, nous vous donnons, en effet, quelque chose de nous-même. Car celui qui devient votre époux n'est pas seulement mon frère, selon l'ordre de la nature; il est bien d'une certaine façon l'un des fils de mon cœur.

Il était encore tout enfant, quand son père, comme le vôtre, tomba [1] sur le champ de bataille du devoir énergiquement et obstinément accompli. Le dernier souffle de cet amour paternel, expirant sur une plage lointaine, nous renvoya jusqu'ici les seuls trésors qui soient dignes de nos âmes. Dieu sait si nous en avons accepté les responsabilités et les charges, avec les consolations. Une sollicitude maternelle, habituée de bonne heure à toutes les énergies, a accompli sans faiblir la difficile et délicate mission qui s'impose dans un foyer prématurément privé de son chef; et l'aîné de cette famille, qui devient la vôtre, mon enfant, n'a jamais eu d'autre pensée que de transmettre aux plus jeunes les traditions et les exemples, qu'il avait reçus de son père.

Et aujourd'hui, mon cher Joseph, je puis bien vous appliquer ce que disait Raguel au jeune Tobie devenant l'époux de Sara : « Soyez béni, mon enfant, parce que vous êtes le fils d'un homme bon et parfait : *Benedictio*

---

1 Le 31 octobre 1866, à La Réunion.

sit tibi, fili mi, quia boni et optimi viri filius es. » (Tobie VII, 7).

Homme de caractère, inébranlable dans les principes de
la vérité et de la justice, esclave de son devoir, votre père
n'est mort à quarante-neuf ans que parce que ses forces
ont trahi son courage, au service de cette Marine française,
dont nous sommes fiers d'être les enfants et à laquelle il
avait voué sa forte intelligence et ses hautes capacités
administratives.

Ame droite et sans arrière pensée, il fut sous les yeux
de ses chefs, de ses égaux et de ses subordonnés, un type
de patriote sincère, ne marchandant jamais son travail
à l'Etat; et en même temps, un modèle de chrétien con-
vaincu, allant à Dieu et vivant avec Dieu simplement,
loyalement, sans fausse crainte, comme sans étroitesse ni
forfanterie.

Inutile d'ajouter ce qu'il était à ses amis; et vous avez
appris de votre mère ce qu'il fut au foyer domestique.

A vous maintenant de réaliser cet idéal, de le faire
revivre, d'en perpétuer la tradition. — C'est le moyen
d'attirer sur la famille nouvelle que vous allez former les
bénédictions du ciel, d'où vous bénit votre père lui-même :
*Benedictio sit tibi, fili mi, quia boni et optimi viri
filius es.*

Dieu donc va vous unir, mes chers enfants. La vie
s'ouvre large et souriante devant vous. Vous êtes jeunes.
C'est bien cordialement que nous vous désirons des jours
de bonheur, en vous souhaitant, avec l'Eglise et selon la

formule des patriarches, de « voir tous deux jusqu'à la troisième et la quatrième génération [1]. »

Ne vous faites pas illusion pourtant. L'existence la plus heureuse de ce monde n'est pas exempte de soucis ; et celle que vous commencez à deux se complique de multiples obligations. Que Dieu vous fasse aussi grande que possible la part des consolations qu'il réserve aux foyers chrétiens. Mais qu'il vous donne surtout l'intelligence du vrai bien et l'énergie de tous les instants, deux choses nécessaires à l'accomplissement de tous vos devoirs.

Du ciel descendent sur vous, à cette heure, les bénédictions de ceux qui nous y ont précédés.

Des cœurs, qui vous entourent dans cette enceinte sacrée, s'élèvent vers Dieu pour vous les mêmes vœux.

Que les mains de votre prêtre, ô mon Dieu, soient plus que jamais fécondes en grâces de choix ! C'est pour vous et par vous que, unissant ces deux vies, je les bénis avec effusion, au nom du Père et du Fils et du Saint-Esprit. *Ainsi soit-il.*

1 *Bened. Missalis.* — Tobie IX, etc.

www.ingramcontent.com/pod-product-compliance
Lightning Source LLC
LaVergne TN
LVHW010921180726
843502LV00010B/4242